2 3 décembre 1872.

Vente du Lundi 23 Décembre 1872

BELLE RÉUNION

D'OBJETS D'ART

DE CURIOSITÉ

ET D'AMEUBLEMENT

EXPOSITION PUBLIQUE : le Dimanche 22 Décembre 1872

Mᵉ E. ESCRIBE | M. L. BLOCHE
COMMISᵗᵉ-PRISEUR | EXPERT
Rue de Hanovre, nᵒ 5. | Rue du Helder, nᵒ 5.

PARIS — 1872

Vᵉ RENOU, MAULDE ET COCK

IMPRIMEURS DE LA COMPAGNIE DES COMMISSAIRES-PRISEURS

Rue de Rivoli, 144

CATALOGUE

D'une jolie réunion

D'OBJETS D'ART

DE CURIOSITÉ

ET D'AMEUBLEMENT

TELS QUE :

Beau Groupe en marbre, de **Robinet**; Gaînes en bois sculpté Louis XIV;
remarquables Porcelaines de Saxe, époque Louis XV; belles Porcelaines anciennes de la Chine et du Japon, Laques, Bronzes, Émaux
cloisonnés, Objets de vitrines, Matières précieuses, grand et beau
Vase en lapis-lazuli, belles Boîtes en or émaillé en plein Louis XV,
Louis XVI; Boîtes en vieux Saxe, Flambeaux en cristal de roche,
Miniatures, belle Garniture de toilette en ivoire sculpté, Gobelets
en argent Louis XIII, Faïences de Delft, de Moustiers et autres;
Porcelaines anciennes et Objets divers.

DONT LA VENTE AURA LIEU

HOTEL DROUOT, SALLE N° 9

Le Lundi 23 Décembre 1872

A DEUX HEURES

Par le ministère de **Me ESCRIBE**, Commissaire-Priseur,
rue de Hanovre, 6,

Assisté de **M. L. BLOCHE**, Expert, rue du Helder, 3,

Chez lesquels se trouve le Catalogue.

EXPOSITION PUBLIQUE

Le Dimanche 22 Décembre 1872, de 1 heure 1/2 à 5 heures.

PARIS — 1872

CONDITIONS DE LA VENTE

Elle sera faite expressément au comptant.

Les Acquéreurs paieront CINQ CENTIMES PAR FRANC en sus du montant de chaque adjudication.

DÉSIGNATION DES OBJETS

SCULPTURES

1 — **Marbre blanc**. Grand et beau Groupe représentant une nymphe surprise par un jeune triton. Signé : P. Robinet 1869.

Haut., 1^{m}20 ; larg. de la base, 0^{m}45.

2 — **Bois sculpté**. Deux grandes et magnifiques Gaînes représentant des sirènes encadrées dans de grands ornements et reposant sur des consoles. Belle sculpture sur bois blanc rehaussé de filets dorés de l'époque de Louis XIV.

Haut., 1^{m}65.

PORCELAINES DE SAXE

3 — **Deux beaux Légumiers** en ancienne porcelaine de Saxe de l'époque Louis XV, décorés à l'extérieur de médaillons de fruits et de légumes encadrés d'ornements, sur fond entièremen semé de fleurs rouges rehaussées d'or, à l'intérieur de bouquets de fruits et de légumes. Les couvercles sont couronnés de grenades.

4 — Grande et belle Jardinière en ancienne porcelaine de Saxe, décor jeux d'enfants sur fond blanc, à bordure parsemée d'insectes. Elle est richement montée en bronze doré, à anses, et est élevée sur pied.

5 — Grande et belle Soupière en ancienne porcelaine de Saxe à larges bordures gaufrées, décor à bouquets de fleurs sur fond blanc, avec plateau. Le couvercle est couronné par un citron coupé en plusieurs morceaux. *Provenant de la vente Beavan.*

6 — Grande et belle Soupière en ancienne porcelaine de Saxe, à anses formées par des ornements rocaille, décorée de groupes d'oiseaux, de médaillons à bouquets de fleurs dans des encadrements en relief sur fond blanc. Le plateau est à contours et le couvercle est couronné par un enfant qui renverse une corne d'abondance d'où tombent des fleurs et des fruits.

7 — Charmante Ecuelle en vieux Saxe, avec couvercle et plateau, décorée de médaillons à sujets champêtres sur fond blanc.

8 — Cabaret en vieux Saxe, époque du Consulat, composé d'un grand plateau, d'une théière, d'une cafetière, d'un pot à crème, d'un sucrier, d'un bol, de quatre tasses avec leurs soucoupes. Chaque pièce est décorée de médaillons représentant les principales villes {de Saxe peints par les premiers décorateurs de la manufacture. Ce cabaret avait été offert par le prince royal de Saxe à Lord Normanby.

9 — Deux charmants Vide-Poches en vieux Saxe, formés par un citron entouré de guirlandes de fleurs en relief.

PORCELAINES DE CHINE, DU JAPON ET DE CÉLADON

10 — Une paire de belles Potiches en vieux Chine, avec couvercles, décorées d'oiseaux fantastiques, de pivoines et de feuillages aux couleurs vives et d un émail remarquable.

Haut., 0ᵐ40.

11 — Une paire de beaux Cornets en vieux Japon, décorés au pourtour de bouquets de fleurs, à la base et au col de mi-losanges contournés en camaïeu bleu sur fond blanc.

12 — Remarquable Potiche en vieux Céladon, forme ventrue à deux anses avec anneaux fixes, décor fond bleu rehaussé d'une frise à ornements réservés, relevés de rouge cuivre et de noir; au-dessous de cette frise de grandes feuilles d'eau également en réserve à rehauts rouge de cuivre d'où se détachent des chauves-souris noires.

Haut., 0ᵐ255.

13 — Magnifique Plat en vieux Chine, famille rose, décoré de fleurs et d'oiseaux au centre avec bordure bassse à médaillons, bouquets et quadrillé

en rose et en vert ; larges bords plats fond blanc
d'où se détachent de longues traînées de fleurs
et de feuillages.

Diamètre, 0ᵐ42.

14 — Deux magnifiques Plats en vieux Chine,
famille rose, décorés au centre de sujets à personnages, mandarins dans un jardin et dragons à rehauts d'or. Les bords creux sont com-
posés de bouquets et de quadrillés sur fond rose
et les bords plats sont ornés de fleurs et de feuillages. Remarquables comme peinture et comme
émail.

Diamètre, 0ᵐ35.

15 — Deux remarquables Compotiers en vieux
Japon décorés au centre de bouquets et de traînées de fleurs ; les bords festonnés et à côtes
sont ornés de médaillons à bouquets et de
rayures à ornements, d'un beau décor bleu et
rouge rehaussé d'or et peints au revers. Ces
compotiers proviennent du musée japonnais de
Dresde.

16 — Deux Mandarins. Figures d'une facture rare
et originale de la famille verte, à riches cos-
tumes, l'un parsemé de dragons sur fond vert,
l'autre de fleurs sur fond gris. Ils sont élevés
sur socles carrés couverts d'ornements.

17 — Quatre belles Assiettes en vieux japon,
décorées de bouquets de fleurs et d'ornements
en rouge et bleu, rehaussés d'or.

18 — Deux grands et beaux Vases en chine moderne,
à anses formées par des dragons, décorés sur
les deux faces de médaillons à oiseaux, fleurs

et insectes ; sur les côtés, de plus petits médaillons dans le même genre, entrecoupés d'insectes, de reptiles et d'ornements. De la partie supérieure de la panse se détachent des chimères en haut-relief. Ils sont élevés sur des socles en bois de fer sculpté à jours.

Haut., 0^{m}78.

19 — **Grand et beau Vase** en chine moderne, décor à médaillons mandarins sur fond blanc et entredeux à reptiles, insectes et bouquets de fleurs. Les anses sont formées par des animaux fantastiques ; des dragons se détachent en relief sur la partie supérieure de la panse.

Haut., 0^{m}64.

20 — **Dix Tasses** en chine, coquille d'œuf, forme bol, avec soucoupes et présentoirs, décor à rayures de diverses couleurs.

21 — **Deux petits Vases** en gris craquelé rehaussé de fleurs camaïeu bleu.

22-62 — Environ quarante Objets de la Chine et du Japon en laque, émail cloisonné, bronze et porcelaine.

OBJETS DE VITRINE

MATIÈRES PRÉCIEUSES, BOITES, ORFÉVRERIE

63 — **Belle Boîte**, de forme ovale, à charnière perdue, en or émaillé en plein, représentant sur le couvercle, au pourtour et dessous, des sujets d'après Téniers ; travail de l'époque Louis XV.

64 — **Belle Bonbonnière ronde** en or émaillé à
fond bleu. Le centre du couvercle est enrichi
d'un charmant émail représentant *une Offrande à
l'Amour*. Les bordures en or champlevé sont
rehaussées de guirlandes de fleurs et de feuillages émaillés. Travail de l'époque Louis XVI.

65 — **Charmante Bonbonnière ronde** en or
émaillé à fond violet. Le couvercle est orné
d'un émail représentant un portrait de femme
avec double entourage en émail vert et opale.
Les bordures sont en or ciselé et gravé.

66 — **Jolie Bonbonnière ovale**, à charnière, en
or gravé et guilloché, enrichie d'un portrait
de femme émaillé en plein sur le couvercle et
encadré de guirlandes en camaïeu bleu.

67 — **Jolie Boîte** en cristal de roche taillé en coquilles
et le pourtour à côtes; monture en cuivre
doré.

68 — **Trois Gobelets** en argent repoussé, à bossages,
élevés sur pieds. Travail époque Louis XIII.
(Seront divisés.)

69 — **Jolie Boîte carrée** en vieux Saxe, représentant
à l'intérieur et à l'extérieur les épisodes de
l'histoire d'Hercule. Le pourtour est décoré de
groupes d'Amours et d'ornements rocaille ; la
monture est à charnière perdue, à griffe, en
cuivre de l'époque.

70 — **Belle Boîte carrée** en vieux Vincennes, pâte
tendre, décorée à l'intérieur et à l'extérieur de
bouquets de fleurs sur fond blanc rayé et gaufré,
monture en argent.

71 — **Jolie Boîte carrée** en vieux Saxe, décorée sur le couvercle, dessous et au pourtour de sujets maritimes, champêtres, et à l'intérieur d'un sujet mythologique : Diane au bain surprise par Actéon. Monture à griffe en cuivre doré.

72 — **Grand et beau Vase** en lapis lazuli d'une seule pièce avec anses prises dans la masse, très-évidé à l'intérieur, rehaussé d'ornements sculptés sur fonds de grecques gravées. Au-dessous, des feuilles d'eau, entièrement couvertes de grecques. Le couvercle est également évidé. Ce vase remarquable par sa dimension et son travail repose sur un pied en bois de fer découpé à jours.

Haut., 0m30.

73 — **Charmante Théière** en jade gris. Elle est de forme carrée rehaussée de sujets à personnages sculptés en bas-relief, anse et bec pris dans la masse. Montée en argent doré, style grec, et le couvercle est rehaussé d'une plaque en jade blanc toute couverte de feuillages sculptés et repercés à jours. *Elle provient de la collection Allegre.*

74 — **Une belle paire de Flambeaux** en cristal de roche, de forme à pans cintrés et rehaussés de palmes gravées en creux.

Haut., 0m21.

75 — **Croix** en lapis lazuli, sculpture d'une seule pièce.

76 — **Charmante Miniature** sur vélin, représentant Diane vue à mi-corps, de l'époque Louis XV.

77 — **Émail de Limoges**, portrait de sainte en couleurs rehaussées d'or, dans un cadre charmant en bois sculpté composé d'un entourage de fleurs, d'ornements, avec les initiales *S. F.* au bas et couronné d'une figure de chérubin.

78 — **Ivoire**. Jolie Râpe en ivoire sculpté du xviie siècle

79 — **Beau Cippe** en ivoire rehaussé de sculptures travail moderne, représentant les fêtes dans le royaume de Neptune.

80 — **Belle Garniture de toilette** montée en ivoire sculpté, composée de deux brosses à cheveux, d'une brosse à habits, de deux peignes et d'une baguette à gants. Beau travail chinois, brosserie anglaise.

81 — **Baguette à gants** en ivoire sculpté, travail chinois.

82 — **Bougeoir** en cuivre repoussé et ciselé de l'époque Louis XIII.

83 — **Miniature carrée**, représentant une bacchante.

84 — **Jolie Boîte** en Saxe, forme Louis XIV, décor médaillons à personnages, fond treillages et fleurs, de l'époque dite Marcolini.

—

FAIENCES

85 — **Delft**. Six belles Assiettes décorées au centre de sujets et de types hollandais en couleurs et sur la bordure d'attributs de ménage.

86 — **Delft**. Deux charmants Beurriers décor polychrome, sujets à personnages rehaussés d'or.

87 — **Delft**. Deux Beurriers décorés de fleurs en bleu et rouge rehaussées d'or.

88 — **Delft**. Un Beurrier décor genre Japon.

89 — **Delft**. Un Beurrier décor à ornements en bleu, rouge et or.

90 — **Moutiers**. Une Saucière décor oiseaux et feuillages verts sur fond blanc.

91 — **Moutiers**. Deux Assiettes à bords festonnés et à contours, décor jaune et vert à personnages et feuillages.

92 — Deux Écritoires en faïence française, décors divers.

93 — **Creil**. Six Assiettes en terre de pipe à bordures bleues.

PORCELAINES ET OBJETS DIVERS

94 — **Vieux Sèvres**. Une Assiette décor à guirlandes de fleurs et bordures fond bleu rehaussé d'or, peinte et signée par *Vincent*.

95 — **Vieux Derby**. Charmante petite Bouteille et plateau décor médaillon à paysages, bouquets de fleurs, sur fond bleu à rehauts d'or.

96 — **Vieux Mayence**. Compotier forme ovale à bords contournés, décor à bouquets de fleurs sur fond blanc.

97 — Six Tasses en porcelaines diverses.

98 — Une paire de Vases en porcelaine imitation du Japon, décor en camaïeu bleu sur fond blanc.

99 — **Wedgewood**. Une petite Théière.

100 — Sous ce numéro les Objets omis au Catalogue.

Vᵉˢ Renou, Maulde et Cock, imp. de la Compagnie des Commissaires-Priseurs, rue de Rivoli, 144.

www.ingramcontent.com/pod-product-compliance
Lightning Source LLC
LaVergne TN
LVHW010850180726

843502LV00010B/3805